CATALOGUE

(N° 5)

DE

PORTRAITS ET VIGNETTES

POUR

ILLUSTRATIONS

PORTRAITS D'AUTEURS

ET DE PERSONNAGES CÉLÈBRES

En grande partie avant la lettre et à l'eau-forte pure

LOTS DE PORTRAITS

VENTE

RUE DES BONS-ENFANTS, N° 28, SALLE N° 1

Le Vendredi 17 Février 1882

À SEPT HEURES ET DEMIE DU SOIR

Me Maurice DELESTRE | **M. DUPONT** aîné
COMMISS^{re}-PRISEUR | MARCHAND D'ESTAMPES
Rue Drouot, n° 27 | Rue de Seine, n° 21

PARIS — 1882

Ve RENOU, MAULDE et COCK

IMPRIMEURS DE LA COMPAGNIE DES COMMISSAIRES-PRISEURS

Rue de Rivoli, 144.

CATALOGUE

DE

PORTRAITS ET VIGNETTES

POUR

L'ILLUSTRATION

PORTRAITS D'AUTEURS

ET DE PERSONNAGES CÉLÈBRES

En grande partie avant la lettre et à l'état d'eaux-fortes

NOMBREUX LOTS DE PORTRAITS

DONT LA VENTE AURA LIEU

RUE DES BONS-ENFANTS, 28

MAISON SILVESTRE, SALLE N° 1

Le Vendredi 17 Février 1882

A SEPT HEURES ET DEMIE DU SOIR

Par le ministère de M° **MAURICE DELESTRE**, Commissaire-Priseur,
rue Drouot, 27,
Assisté de **M. DUPONT** aîné, marchand d'Estampes,
rue de Seine, 21.

PARIS — 1882

CONDITIONS DE LA VENTE

Elle sera faite au comptant.

Les Acquéreurs paieront CINQ POUR CENT en sus des enchères.

L'Ordre du Catalogue sera suivi.

DÉSIGNATION

PORTRAITS

1 **Beauvarlet**, **Pitau**, etc. Portraits de L. F. Boursier, Pierre Nicole, Blaise Pascal, du Cambout de Pontchateau. Du Verger de Hauranne, Lemaistre de Sacy, Angélique Arnauld, etc. 19 petits portraits sur piédouche.

2 **Ceroni**. Mme de Maintenon, d'ap. Petitot. Très belle ép. d'artiste avant toutes lettres sur chine, marges in-fol.

3 **Ceroni**, **Jacquemart**, etc. Portraits de Mme de Grignan. 8 pièces dont trois avant la lettre et une à l'état d'eau-forte.

4 **Champollion**. Mlle Duthé, in-8. Eau-forte pure, sur papier du Japon. — Le même portrait ép. d'artiste. 2 pièces.

5 **Chevillet**. J. B. Descamps, auteur de la Vie des peintres, in-8. Très belle ép. avant la lettre, le nom du graveur à la pointe. Rare.

6 **Dequevauviller**. Bossuet, d'ap. Rigaud. Très belle ép. avant la lettre sur chine.

7 **Dien** (M. F.). Boileau, d'ap. Rigaud. Eau-forte pure, toutes marges.

8 — Mme de Grignan, d'ap. Mignard. Très belle ép. avant toutes lettres, marges in-4.

9 — Mme de Sévigné, d'ap. Petitot. Très belle ép. avant toutes lettres, marges in-4.

10 **Dupréel**. Bossuet, en pied, d'ap. Rigaud. Très belle ép. d'artiste, avec le nom du graveur à la pointe. Rare.

11 **Fiquet**. Jean Bernoulli. — Guy Crescent Fagon. — René Pucelle. 3 pièces, belles ép.

12 **Frilley** (d'ap.). Portraits de Boileau, Chapelain, Corneille, Molière, Racine, J.-J. Rousseau et Voltaire. 7 pièces, très belles ép. avant la lettre sur chine.

13 **Gaucher**. Bossuet, d'ap. Rigaud, in-8. Très belle ép. avant la lettre, remarq.

14 **Géraut**. La Fontaine et Mme de la Sablière, d'ap. Devéria. Eau-forte pure, sur chine.

15 — Le même portrait. Très belle ép. d'artiste sur papier de chine.

16 **Géraut, Bonvoisin**, etc. Portraits de Henri IV. 6 pièces, avant la lettre, dont une à l'eau-forte pure.

17 **Godefroy**. Mme de Sévigné assise, écrivant, d'ap. Ducis. Très belle ép. avant la lettre.

18 **Houbraken**. Portrait de personnages hollandais, in-8. 54 pièces, belles ép.

19 **Johannot** (Tony). Mme de la Sablière d'ap. Colin. Très belle ép. à l'eau-forte pure. — Le même avant la lettre. 2 pièces.

20 — Le même portrait. Très belle ép. avant la lettre sur chine.

21 **Lalauze**. Frontispice avec le portrait de Mme Du Barry. Très belle ép. d'artiste sur papier du Japon, impr. en couleur.

22 **Lalauze**. L'impératrice Joséphine, d'ap. Prud'hon. Très belle ép. sur papier du Japon.

23 — Portrait de Molière, ép. d'artiste avant toutes lettres.

24 — Frontispice avec le portrait de Charles Monselet. Eau-forte pure sur Japon.

25 — Le même frontispice. Ep d'artiste, non terminée.

26 **Le Roy** (J.). Mercier, auteur du Tableau de Paris, d'ap. Pujos. Très belle ép. avant la lettre.

27 **Levasseur** et **Rosotte**. Portraits de Buffon et de Nadaud Buffon. 3 pièces épreuves d'artiste sur chine.

28 **Masquelier**, **Dien**, etc. Collection de portraits, publiés par J.-J. Blaise. 24 pièces dont deux avant la lettre.

29 **Massard** et autres. Portraits de la collection de Ménard et Desenne. 6 pièces lettres grises.

30 **Miger**, **Romanet**, etc Portraits de la collection des hommes illustres. petit in-fol. 32 pièces. Belles ép.

31 **Mottet**. Mᵐᵉ de Sévigné en pied, assise, d'ap. Desenne. Très belle ép. avant la lettre.

32 **Pauquet** (L.). Bossuet en pied d'ap. Rigaud. Très belle ép. eau-forte pure.

33 **Petit** (L.) et **Barrois**. Voltaire d'ap. de la Tour. Ep. d'artiste avec des croquis dans la marge du bas. — Les quatre Ages de Voltaire. Très belle ép. avant toutes lettres. 2 pièces.

34 **Ponce** (N.). Poquelin de Molière, d'ap. Laffitte. Très belle ép.. marges.

35 **Roger**. Portraits de Marie Leckzinska, Louis XV. le Dauphin, etc. 10 pièces lettres grises, marges in-4.

36 — Portraits in-8 à claire voie. 19 pièces, belles ép.

37 **Saint-Aubin**. — Portraits de la collection Renouard. 40 pièces, très belles ép.

38 **Savart** (P.). Montesquieu. Très belle ép. du premier état, avant toutes lettres.

39 **Winkèles**. Portraits de ministres protestants, in-8 et in-fol. 7 pièces, très belles ép. avant la lettre.

PORTRAITS D'AUTEURS

40 *Arioste*, par Littret, Mauduit, Tardieu, etc. 6 pièces dont quatre avant la lettre.

41 *Barthelemy*, par Dequevauviller et Konig. 4 pièces avant la lettre, dont une à l'état d'eau-forte.

42 *Béranger*, par Dutillois, Pannier etc. 5 pièces.

43 *Berchoux*, par Tardieu. 2 pièces avant la lettre sur chine et sur blanc.

44 *Bernardin de Saint-Pierre*, par Lignon, Wedgwood, etc. 5 pièces.

45 *Blanc* (Louis), par Colin, d'ap. Cabasson. 2 pièces eau-forte pure et ép. d'artiste.

46 *Boileau*, par Blanchard, Marckl, Petit, etc. 8 pièces, avant la lettre, dont deux à l'eau-forte pure.

47 — par Savart, Duflos, De Launay, Dupréel, Manceau, Ethiou, etc. 34 pièces, dont plusieurs avant la lettre.

48 **Bossuet**, par Bertonnier, Couché fils, Lefèvre, Pigeot, etc. 9 pièces avant la lettre, dont une à l'eau-forte pure.

49 — par Desrochers, C. Roy, De Longueil, Cathelin, Savart, Delvaux, Roger, Ponce, Fauchery, Geoffroy, Leroux, etc. 30 pièces, dont plusieurs avant la lettre.

50 **Bourdaloue**, par Coupé et Adr. Nargeot. 3 pièces avant la lettre dont une à l'eau-forte.

51 — par Simonneau, Roger, Tardieu, Bertonnier, etc. 13 pièces.

52 **Buffon**, par Pauquet, A. Massard, Audibran, etc. 6 pièces avant la lettre.

53 — par Gaucher, Delignon, Roger, etc. 7 pièces.

54 **Byron** (Lord), par Blanchard, Simonet et Wedgwood. 4 pièces avant la lettre, dont une non terminée.

55 **Calderon**, par Massol, avant la lettre sur chine et avec la lettre, 2 pièces.

56 **Cervantes**, par Gaucher, Dutillois, Lefèvre, etc. 7 pièces dont deux avant la lettre.

57 **Chapelain**, par Riballier, Soliman, etc. 7 pièces avant la lettre dont deux non terminées.

58 **Charrin**, par Forster. 3 pièces, eau-forte et avant la lettre.

59 **Chateaubriand**, par Laugier, Waltner, etc. 8 pièces dont deux avant la lettre.

60 **Chénier**, par Lefèvre et Dequevauviller. 2 pièces dont une avant la lettre.

61 **Corneille** (P.), par Ethiou, Jomont, Bertonnier, Delaistre, etc. 10 pièces avant la lettre, dont une à l'état d'eau-forte.

62 — par Dupin, Le Cœur, Petit, Hopwood, etc.
28 pièces.

63 **Corneille** (Thomas), par Duflos, Revel, Simonet, Roger, etc. 9 pièces, dont 4 avant la lettre et 1 à l'état d'eau-forte.

64 **Crébillon,** par Bertonnier, Goulu, A. Massard, etc. 6 pièces avant la lettre, dont une à l'eau-forte.

65 — par Delvaux, Delignon, Ingouf, Petit, etc. 15 pièces, dont plusieurs avant la lettre.

66 **Dacier** (Mme), par Tardieu. 2 pièces avant la lettre, chine et blanc.

67 **Dante,** par Lapi, Muller, etc. 4 pièces dont deux avant la lettre.

68 **Delille,** par Saint-Aubin, Lecerf, etc. 6 pièces dont une avant la lettre et une à l'état d'eau-forte.

69 **Descartes,** par Boutrois, Caron, Gaitte, etc. 8 pièces, dont 3 avant la lettre.

70 **Deshoulières** (Mme), par Van Schuppen et Tardieu. 3 pièces.

71 **Destouches,** par Delvaux, Macret, Cazenave, etc. 4 pièces.

72 **Dupanloup,** par Nargeot. 4 pièces, épreuves d'artiste, en différents états.

73 **Erasme,** par Le Cœur, Lefort, etc. 8 pièces, dont 3 avant la lettre et 1 eau-forte pure.

74 **Fénelon,** par Bertonnier, Éthiou, Gelée, Leroux, Tavernier, etc. 10 pièces avant la lettre, dont 1 à l'eau-forte pure.

75 — par Desrochers, Cathelin, de Launay, Gaucher, Delvaux, A. Massard, Geoffroy, etc. 56 p., dont plusieurs avant la lettre.

76 **Fléchier**, par Alf. Johannot, Roger et Hopwood.
4 pièces avant la lettre, dont 1 à l'eau-forte pure.

77 — par Marlié Lépicié, Roger, Saint-Aubin, etc.
9 pièces.

78 **Florian**, par Bonvoisin, Éthiou, Alf. Johannot, etc. 6 pièces avant la lettre, dont 1 à l'eau-forte
pure.

79 **Furetière**, par Desrochers, A. Greux et Mongin.
5 pièces, dont 4 épreuves d'artiste.

80 **Genlis** (Mme de) par Copia et autres. 3 pièces, dont
2 avant la lettre.

81 **Homère**, par Saint-Aubin, Masquelier, Éthiou, etc.
14 pièces dont 1 à l'état d'eau-forte et 3 avant la
lettre.

82 **Koch** (Paul de), d'après Maricot et Sandoz. 2 pièces,
épreuves d'artiste, sur Chine.

83 **La Bruyère**, par Bonvoisin, A. Boilly, Bovinet, Tardieu, etc. 6 pièces avant la lettre.

84 — par Desrochers, B. Picart, Roger, Hopwood, etc.
16 pièces dont plusieurs avant la lettre.

85 **La Châtre** (Maurice), par Audibran. 3 pièces eau-
forte pure et épreuves d'essai.

86 **La Fayette** (Mme de), par Mottet, Dequevauviller,
L. Massard, etc. 6 pièces dont 3 avant la lettre.

87 **La Fontaine**, par Burdet, Éthiou, Jéhotte, Pauquet, Tavernier, etc. 10 pièces avant la lettre, dont
2 à l'état d'eaux-fortes.

88 — par Fiquet, Macret, Delvaux, B. Picart, Fessard,
Pauquet, Ribault, etc. 42 pièces, dont plusieurs avant
la lettre.

89 **Laharpe**, par Migneret, Audibran, Hopwood, etc.
8 pièces, dont 3 avant la lettre.

90 **La Rochefoucauld**, par Alais, Burdet, Fauchery, etc. 6 pièces avant la lettre.

91 — par Duponchel, Petit, Bertonnier. Delannoy, etc. 9 pièces.

92 **Lebrun** (dit Pindare), par Ribault et Nargeot. 3 pièces avant la lettre, dont 1 à l'eau-forte.

93 **Lesage**, par Dupréel, Saint-Aubin, Pfitzer, Frilley, Sixdéniers, etc. 9 pièces, dont 3 avant la lettre.

94 **Malherbe**, par Dien, Bertonnier, Rochard, etc. 4 pièces avant la lettre.

95 — par Ingouf, Duflos, Roger, Bertonnier, 8 pièces, dont plusieurs avant la lettre.

96 **Marmontel**, par Gaucher, Saint-Aubin, Cazenave, etc. 5 pièces.

97 **Marot** (Clément), par Sornique, Duflos, Bonvoisin et Dequevauviller. 4 pièces, dont 2 avant la lettre.

98 **Massillon**, par Pollet, Konig, Simonet, Roger, etc. 9 pièces avant la lettre, dont 1 à l'état d'eau-forte.

99 — par Bertonnier, Courbe, Leroux, Prudhomme, etc. 15 pièces.

100 **Molière**, par Desrochers, Legrand, Hue, Lignon, Geoffroy, etc. 16 pièces.

101 — par Lefèvre, Lignon, Migneret, Cazenave, etc. 28 pièces.

102 **Montaigne**, par H. Dupont, Fauchery, Leroux, Bertonnier, etc. 10 pièces avant la lettre, dont une à l'état d'eau-forte.

103 — par Saint-Aubin, Lecœur, H. Dupont, Leroux, etc. 24 pièces dont 4 avant la lettre.

104 **Montesquieu**, par Prévost, Le Comte, Pourvoyeur, etc. 10 pièces avant la lettre et 3 à l'état
d'eaux-fortes.

105 — par Le Beau, Lingée, Roger, Müller, Tardieu, etc.
21 pièces.

106 **Pascal** (Blaise), par Allais, Guyard, Simonet,
Leroux, etc. 11 pièces avant la lettre, dont 1 à l'état
d'eau-forte.

107 — par Delvaux, Roger, Leroux, Sornique, etc.
13 pièces dont 3 avant la lettre.

108 **Piron**, par Bertonnier et autre. 3 pièces, dont
1 avant la lettre.

109 **Pope**, par Cazenave, Marillier, etc. 5 pièces, dont
1 avant la lettre.

110 **Prévost** (L'abbé), par Bertonnier, Soliman, etc.
5 pièces, dont 2 avant' lettre et 1 à l'état d'eau-
forte.

111 **Rabelais**, par Allais, Forster, etc. 8 pièces dont
3 avant la lettre.

112 **Racine** (J.), par Alf. Johannot, A. Massard, Tardieu, Ingouf, Bertonnier, etc. 10 pièces avant la
lettre, dont 1 à l'état d'eau-forte.

113 — par Pollet, Pannier, Pierron, Cathelin, Tavernier, etc. 36 pièces.

114 **Regnard**, par Dequevauviller, Greux, Morse, etc.
7 pièces avant la lettre.

115 — par Geoffroy, Mauduison, Saint-Aubin, etc.
6 pièces, dont plusieurs avant la lettre.

116 **Régnier** (Mathurin), par Nargeot, A. Boilly, etc.
3 pièces dont 1 avant la lettre.

117 **Retz** (Le cardinal de), par Forestier, Migneret, etc.
5 pièces avant la lettre, dont 2 à l'état d'eaux-
fortes.

118 **Rollin**, par Caron, Dequevauviller, etc. 5 pièces, dont 1 avant la lettre.

119 **Ronsard**, par Gaucher, Hopwood, etc. 5 pièces.

120 **Rousseau** (J.-B.), par Bertonnier, Lefèvre, Allais, etc. 10 pièces avant la lettre, dont 2 à l'état d'eaux-fortes.

121 — par Ingouf, Legrand, Schmidt, Ribault, etc. 15 pièces.

122 **Rousseau** (J.-J.), par Hopwood, Bosq, Soliman, etc. 5 pièces avant la lettre, dont une à l'état d'eau-forte.

123 — par Bovinet, Leroux, Thouvenin, etc. 15 pièces.

124 **Scarron**, par Desrochers, Ingouf, Sisco, etc. 6 pièces dont deux avant la lettre.

125 **Sévigné** (Mme de), par Bertonnier, Dutillois, Caron, Céroni, etc. 6 pièces avant la lettre.

126 — par Dien, Couché, Hopwood, etc. 8 pièces dont quatre avant la lettre.

127 **Shakespeare**, par Beaumont, Massol, Boze, etc. 10 pièces dont une avant la lettre.

128 **Staël** (Mme de), par Müller et L. Massard. 2 pièces dont une avant la lettre.

129 **Tasse** (Le), par De Launay, Fontaine, Roger, etc. 11 pièces dont deux avant la lettre.

130 **Thiers**, par Bonnat et Baudran. 2 pièces avant la lettre.

131 **Virgile**, par Saint-Aubin, Dupréel, etc. 7 pièces.

132 **Voisenon** (l'abbé de), par Audibran. 2 pièces, eau-forte et avant la lettre.

133 **Voltaire**, par Lefort, Pourvoyeur, Hopwood, Soliman, etc. 8 pièces avant la lettre dont une à l'état d'eau-forte.

134 **Voltaire**, par Beisson, Cathelin, Bonvoisin, etc. 12 pièces dont plusieurs avant la lettre.

135 **Walter Scott**. par Wedgwood, avant la lettre sur Chine.

————

VIGNETTES

136 **Boileau**. Suite de 7 vignettes in-8 en travers, par Girardet, d'ap. Fortin. Très belles ép. tirées hors texte.

137 — Suite de 6 vignettes in-8 et un portrait, d'ap. Staal. Belles ép.

138 **Bossuet**. Portraits avec entourages pour les Oraisons funèbres. 10 pièces avant la lettre, la tablette blanche, dont sept à l'état d'eaux-fortes.

139 — 11 portraits de la même suite. Très belles ép. lettres grises la plupart sur Chine, marges in-4.

140 — Suite de 13 figures pour les Oraisons funèbres, d'ap. Desenne, Hersent et autres. Épreuves d'artiste, marges in-4, dont deux à l'état d'eaux-fortes.

141 — 10 figures de la même suite. Ép. d'artiste sur papier de Chine.

142 **Corneille** (P.). Suite des 24 figures et deux portraits d'ap. Moreau le jeune, in-8 (manque le portrait de Th. Corneille).

143 — Suite de 15 vignettes in-12, d'ap. Devéria, avant la lettre ; plus quatre ép. d'essai avant toutes lettres 19 pièces.

144 **Crébillon**. Suite de 10 figures in-8, pour ses OEuvres, d'ap. Peyron. Belles ép. toutes marges.

145 **Fénelon**. Suite des 24 vignettes d'ap. Lefebvre, et un portrait, in-12, pour Télémaque. Belles ép. toutes marges.

146 — Suite de 24 vignettes, in-12, sans noms d'auteurs, réemmargées in-8.

147 — Suite de 24 vignettes par Manceau et un portrait, pour Télémaque. Belles ép.

148 — Deux dessins originaux de F. Huot, pour Télémaque; à l'encre de Chine.

149 **La Fontaine**. Suite des 12 figures de Percier, pour les Fables, in-8. Très belles ép.

150 — Suite des 60 figures de Ransonnette, pour les Fables, in-12. Belles ép.

151 — Suite des 16 vignettes de Perdoux, pour les Fables, in-18. Toutes marges.

152 — Suite de 20 vignettes et un portrait, d'ap. Desenne, in-12. Belles ép. avant la lettre, réemm. in-8.

153 **Lamartine**. Suite de 5 vignettes de Tony Johannot, pour les Confidences. — Suite de 6 vignettes avant la lettre, pour Raphaël. 11 p.

154 **Lesage**. Suite de 4 vignettes in-12, de Desenne, pour Gil Blas. Belles ép. avant la lettre sur Chine. Marges in-8.

155 **Molière**. Suite des 33 figures de la première suite de Moreau et un portrait de Cathelin, in-8, les planches réduites.

156 — Suite des 30 fig. et un portrait de la seconde suite de Moreau. In-8.

157 — Suite des 6 titres du Molière de Bret, édition de 1804, avec les fleurons de Moreau le jeune. 6 pièces. Belles ép.

158 **Racine**. Suite de 12 vignettes in-8. d'ap. Lebarbier, et un portrait. Ép. sur papier de Chine.

159 — La même suite sur papier blanc.

160 — Suite de 12 vignettes in-12 et un portrait, par
Girardet, d'ap. Desenne. Ép. avant la lettre. remarg.
in-8. (plusieurs sont rognées au trait carré).

161 **Révolution**. — Le Serment du Jeu-de-Paume. —
Prise de la Bastille. — Les adieux de Louis XVI à sa
famille. — Translation des cendres de Voltaire au
Panthéon, gravés par Couché fils, 33 p. Très belles
ép. avant la lettre sur Chine.

162 — Vignettes pour l'Histoire de la Révolution, par
Raffet, in-8. 42 p. Très belles ép. sur papier de
Chine.

163 **Sainte Bible**. Suite de Saints et Saintes, publiée
par Furne, in-8. 32 p. Très belles ép. avant la lettre
sur Chine, marges in-fol.

164 — Collection de portraits de Saintes, gravés par les
meilleurs artistes. 20 p. in-4. avant la lettre sur
Chine. Marges in-fol. (une pièce est avec la lettre).

165 — 19 p. doubles de la même collection avant la
lettre sur Chine.

166 **Scarron**. Suite des 15 figures de Lebarbier. pour le
Roman Comique. Très belles ép. toutes marges.

167 **Sévigné** (Mme de). Suite de portraits, d'après Devéria, in-8. 15 p. avant la lettre, la tablette blanche,
plusieurs sont sur Chine.

168 — 17 portraits de la même suite. Belles ép. avec
la lettre.

169 **Voltaire**. Suite de 10 vignettes d'ap. Moreau le
jeune, in-8., et 6 portraits. 16 p. Marges in-4.

170 **Voltaire**. Suite de 44 figures, d'après Desenne pour les OEuvres, in-8. Très belles ép. avant la lettre sur Chine, marges in-fol.

171 — Vignettes pour la Henriade, d'ap. Desenne et Devéria in-8. 20 p. avant la lettre sur Chine et sur blanc, dont deux à l'état d'eaux-fortes.

172 **Vignettes anciennes**, d'ap. Moreau, Cochin, Lebarbier, Desrais, etc. 20 p. dont plusieurs avant la lettre et à l'eau-forte pure.

173 **Vignettes modernes** pour les OEuvres de Boileau, La Fontaine, J.-J. Rousseau, Voltaire, etc. 24 p. toutes avant la lettre ou à l'état d'eaux-fortes.

174 — Pour l'Histoire du Consulat et de l'Empire, 44 p. in-8, plusieurs sur papier de Chine.

175 — Les Reines du monde, suite de 17 portraits et un frontispice, d'après Staal, in-4. Très belles ép. avant la lettre, marges in-fol.

176 — La même suite. Très belles épreuves avant la lettre sur papier de Chine, marges in-fol.

177 — Diverses. 28 p. avant la lettre et à l'état d'eaux-fortes.

178 **Vignettes**. Fleurons et têtes de pages, gravés à l'eau-forte, par Mongin, Rousselle et autres. 26 p. épreuves d'essai.

179 — Environ 375 vignettes sur Chine et fumés. Tirés de différents ouvrages.

180 — Sous ce numéro, il sera vendu environ 25 lots de Portraits divers, anciens et modernes, et quelques lots de Vignettes.

Ves RENOU, MAULDE et COCK, impr⁵ de la Compagnie des Commissaires-Priseurs, rue de Rivoli, 144.   25374

www.ingramcontent.com/pod-product-compliance
Lightning Source LLC
LaVergne TN
LVHW011008180726
843502LV00007B/2405